Le petit mercure

Suivi éditorial par Jean-Michel Décimo

Le goût
de l'humour

Textes choisis et présentés
par Franck Médioni

Mercure de France

ISBN : 978-2-7152-4266-1

À Christian Wasselin, l'homme qui rit

SOMMAIRE

INTRODUCTION

> « L'humour est le plus court chemin d'un homme à un autre. »
>
> GEORGES WOLINSKI

> « L'humour est un langage que j'ai toujours aimé. Notre ressort est de dénoncer la bêtise en faisant rire. »
>
> CABU

« Humour – muet et amer, que j'aime à humer sourdement » écrit Michel Leiris dans son livre *Langage tangage ou Ce que les mots me disent.* « L'humour est nénarrable, solite, pondérable, commensurable, tempestif, déniable et trépide », écrit, avec ses jolis mots fleuris, Jacques Prévert qui souhaitait « rire de mourir et mourir de rire ».

Selon le dictionnaire Larousse, l'humour est une forme d'esprit qui s'attache à souligner le caractère comique, ridicule, absurde ou insolite de certains aspects de la réalité ; marque de cet esprit dans un discours, un texte, un dessin, etc. L'humour, c'est celui de la vie quotidienne, intelligence et distanciation de soi et des autres, mouvements distordus des êtres et du réel. L'humour permet ainsi à l'homme de prendre du recul sur ce qu'il vit, comme le remarque Joseph Klatzmann dans son livre *L'humour juif* en souhaitant « rire pour ne pas pleurer ». « Je me presse de rire de tout, de peur d'être obligé d'en pleurer », lit-on dans l'acte I, scène 2 du *Barbier de Séville* de Beaumarchais. Plus pessimiste encore, Nietzsche affirme : « L'homme souffre si profondément qu'il a dû inventer le rire. »

Le mot humour provient de l'anglais *humour*, lui-même emprunté du français « humeur ». L'humeur, du latin *humor* (liquide), désignait initialement les fluides corporels (sang, bile...) pensés comme influençant sur le comportement. Vers 1760, les Anglais utilisent le terme *humour* dans le sens « tempérament enjoué, gaîté, aptitude à voir ou à faire voir le comique des choses » pour se vanter de posséder un certain état d'esprit actuellement nommé humour anglais. À la même époque, le sens du mot français « humeur » suit une évolution semblable. Le mot « humour » est attesté pour la première fois en français au XVIIIe siècle, entré en France grâce aux liens qu'entretenaient les penseurs des Lumières avec les philosophes britanniques. À la fin du XIXe siècle, quand les auteurs français s'interrogent encore sur le sens exact de l'humour anglais, Félix Fénéon définit ainsi celui de Mark Twain : « L'humour est caractérisé par une énorme facétie (émergeant parfois d'une observation triste) — contée avec la plus stricte imperturbabilité, avec toutefois un dédain très marqué de l'opinion du lecteur ; ses moyens favoris sont le grossissement forcené de certaines particularités, — l'inopinée jonction de deux très distantes idées par l'opération d'un calembour ou par un jeu de perspective littéraire, —

l'accumulation patiente de détails allant *crescendo* dans le baroque, mais déduits avec une logique rigoureuse et décevante. »

À la croisée des chemins, entre le comique, l'ironie, le trait d'esprit et le burlesque, l'humour demeure une notion floue. Dans le domaine littéraire, il est question du trait d'esprit qui se définit comme une forme d'ironie acide et pince-sans-rire qui se manifeste chez des auteurs du siècle des Lumières comme Voltaire, Diderot ou Crébillon fils. Sigmund Freud a étudié le trait d'esprit (*Witz*) dans *Le trait d'esprit et sa relation à l'inconscient* (1905). Le rire est indissociable d'un événement inattendu. Ainsi Freud associe le rire au fait de sortir de soi ce que l'on retient malgré soi. Bergson affirmera que le rire, qui s'exerce aux dépens d'un autre, est une revanche de l'intelligence (froid) sur le cœur (chaud), de l'abstraction mécanique sur la spontanéité du vivant.

Il y a « matière à rire » dit Raymond Devos. Le rire est bien le propre de l'homme, Rabelais l'écrit dans *La vie de Gargantua et de Pantagruel*. Le rire est un acquiescement à la vie. C'est celui du nouveau-né, par exemple. Le rire est aussi inquiétude, appréhension. Celle de la mort possible, prévue. Telle est donc la double nature du rire. Ambiguïté du rire, de l'humour, souvent sur la corde raide. Certes, l'humour est une arme défensive et le rire est souvent le signe d'une tristesse qui ne dit pas son nom. Il entre parfois dans le rire les joies faciles de la revanche. Il défoule. « Je m'arrêterais de mourir s'il me venait un bon mot » plaisanta Voltaire. L'humour est cette manière de rire, parfois de soi-même, de prendre de la distance par le biais du langage à l'égard de ce qui arrive. Puissants effets de décollement libérateur de l'humour : il démonte les apparences, fait voler en éclats les semblants. « L'humour semble dire : "Regarde ! Voilà le monde qui te semble dangereux ! Un jeu d'enfant ! Le mieux est de plaisanter". », explique Freud.

« L'humour n'est pas une étincelle qui jaillit brièvement lors du dénouement comique d'une situation ou d'un récit pour nous faire rire. Sa lumière discrète s'étend sur tout le vaste paysage de la vie » écrit Milan Kundera. « L'humour [...] l'éclair divin qui découvre le monde dans son ambiguïté morale et l'homme dans sa profonde incompétence à juger les autres », explique encore l'auteur du *Livre du rire et de l'oubli.* L'humour, selon Kundera, rend tout ce qu'il touche ambigu, vacillant. Et met ainsi le doigt sur la relativité des choses humaines, la certitude de l'incertain. Le rire permet alors de se libérer du sens au profit des sens, de savourer les puissances de l'instant en évacuant ou en désamorçant les « grandes questions » : où vais-je ? qui suis-je ? le frigidaire est-il plein ? vais-je déjeuner chez ma belle-mère dimanche ?

« L'humour, c'est la politesse du désespoir. » Cette formule célèbre, souvent attribuée à Boris Vian et à Chris Marker, serait de Georges Duhamel, le fondateur de la Série noire. Dans le même d'ordre d'idée, Pierre Desproges dit que ça fait moins mal quand on a ri. Formidable machine de guerre contre les passions tristes, l'humour d'un Pierre Desproges ou d'un Woody Allen, sait marier, pour reprendre la formule de Gramsci, le pessimisme de l'intelligence à l'optimisme de la volonté. L'humour est libérateur. « Il serait temps, écrit Freud, de nous familiariser avec certaines caractéristiques de l'humour. L'humour a non seulement quelque chose de libérateur, analogue en cela à l'esprit et au comique, mais encore *quelque chose de sublime et d'élevé,* traits qui ne se retrouvent pas dans ces deux ordres d'acquisition du plaisir par une activité intellectuelle. »

L'humour, une révolte supérieure de l'esprit ? L'arme des démunis ? L'humour est souvent présenté comme une parade devant la cruauté, les difficultés de l'existence. « L'humour renforce notre instinct de survie et sauvegarde notre santé d'esprit », expliqua le créateur de Charlot, Charlie Chaplin. « Rien ne vous isole plus que de tendre la main fraternelle de l'humour à ceux qui, à cet égard, sont plus manchots que des pingouins », lit-on dans *La Promesse de l'aube* de Romain Gary. Et, dans *Les Racines du ciel,* on peut lire : « Il avait aussi le plus grand respect de l'humour parce que c'était une des meilleures armes que l'homme eût jamais forgées pour lutter contre lui-même. » Dans le livre d'entretien *Le Sens de ma vie,* Romain Gary explique : « L'humour de Groucho Marx est pour moi très important, comme tout humour en général parce que l'humour est l'arme blanche des hommes désarmés. Il est une forme de révolution pacifique et passive que l'on fait en désamorçant les réalités pénibles qui vous arrivent dessus. Par exemple, dans l'humour juif né dans le ghetto, c'était des gens qui n'avaient pas d'autres armes de défense qu'une certaine forme de rire tragique dont on connaît l'exemple bien connu et qui a été mis à toutes les sauces : on trouve un juif victime d'un pogrom avec un coup de sabre du côté du cœur, on arrive à son secours et on lui demande : "Est-ce que cela vous fait mal ?" et il répond : "Seulement lorsque je ris" ».

« L'humour est ce qui permet de se dégager, de faire un pas de côté », explique le psychanalyste Jacques André.

L'exemple bien connu, c'est celui du condamné à mort qui, un lundi, à l'aube, est conduit à la guillotine et qui s'exclame : « Mince, la semaine commence mal. » Bien sûr, ce trait d'esprit ne va rien changer à ce qui va lui arriver. Mais cette disposition d'esprit modifie, sinon le monde, du moins le regard que l'on a sur lui.

L'humour serait-il noir par essence ? « L'humour véritable est sinistre, écrit Eugène Ionesco, c'est-à-dire : noir. Il n'y a pas d'amour heureux ; il n'y a pas non plus d'humour heureux. L'humoriste est un moraliste amer, un pessimiste qui supporte la désolation avec gaité. Tel est le paradoxe de l'humour. » Pour reprendre les termes de cet autre écrivain de l'absurde qu'est Beckett, rien n'est plus drôle que le malheur, c'est la chose la plus comique du monde. D'où l'humour noir qui, parfois amer ou désespéré, se rit de l'absurde, du tragique de notre condition de mortel. André Breton publie en 1940 son *Anthologie de l'humour noir* qui comprend des textes de Baudelaire, Poe, Rimbaud, Lautréamont, Huysmans, Roussel, Kafka, Jarry, Duchamp, Apollinaire et Prévert. Il fait entrer par là même ces deux mots qui « ne faisaient pas sens (quand ils ne suggéraient pas une forme de raillerie qui serait propre aux nègres), dans le dictionnaire », expliqua-t-il dans la note à la réédition de 1966. On attribue ainsi à l'auteur de *Nadja* l'origine moderne de l'expression « humour noir ».

L'humour ne serait-il pas le meilleur moyen de dire la gravité des choses. La poésie libère la magie des mots. L'humour libère de la pesanteur du réel. À défaut de pouvoir alléger la vie elle-même, d'ouvrir les choses dans leur matérialité même à une vie plus profonde, plus vive, l'humour transforme notre jugement, notre vision, allégeant fictivement la vie en jetant par-dessus bord ce qui nous encombre, tout ce qui est pesant. L'humour ne transforme pas la vie, mais transforme le regard que nous portons sur elle. L'humour ne se résigne pas, il défie. Hermétique aux dogmes autant qu'aux recettes, l'humour est aussi un voyage dans des visions du monde qui s'opposent ou s'épousent. Si l'humour aide à vivre et à penser, c'est qu'il condamne la bêtise, sanctionne le ridicule, dissout les idoles et guérit des gourous.

De quoi riez-vous ? De qui ? On rit surtout de l'autre, des autres. Un exemple : un homme tombe dans la rue en glissant sur une peau de banane. Cette chute inattendue provoque le rire. Quel rire ? Peut-on rire de tout ? « Il faut rire de tout, affirme Pierre Desproges. C'est extrêmement important. C'est la seule humaine façon de friser la lucidité sans tomber dedans. » On peut rire de tout, mais avec n'importe qui, précise Pierre Desproges. Liberté, irrévérence de l'humour. Mais il y a une différence entre rire de tout et se moquer de quelqu'un. Dans *L'Enracinement*, la philosophe Simone Weil écrit : « La liberté d'expression totale, illimitée, pour toute opinion quelle qu'elle soit, sans aucune restriction ni réserve, est un besoin absolu pour l'intelligence. » Elle ajoute un peu plus loin (et sans se contredire en rien) que « les publications destinées à influer sur ce qu'on nomme l'opinion ne doivent porter aucun préjudice illégitime à aucun être humain ». En d'autres termes, il n'y a pas davantage de liberté sans loi qu'il n'y a de liberté d'expression sans respect. À force d'oublier ces distinctions essentielles, on en vient à confondre l'audace et la haine, l'insolence et les mauvaises manières, et c'est la loi de la jungle.

Le goût de l'humour

Les apparitions les plus connues de l'humour se font souvent dans les histoires amusantes, qualifiées de « drôles », désignées sous le vocable de blagues (les thématiques principales sont le mariage, les femmes, les blondes, avec souvent de forts relents de machisme, le sexe : les blagues salaces qui lassent; et Dieu, mais ne l'aurait-il pas cherché ?). Aux blagues pas toujours drôles, j'ai préféré pour ce *Goût de l'humour* réunir des mots d'esprit d'écrivains, de poètes, de philosophes, de comédiens, de cinéastes, d'humoristes et de mauvais garçons qui mettent la langue en fête. Ce sont des bonheurs d'improvisation et d'écriture, des fulgurances, des petites formes ludiques qui s'agencent librement. Ce sont des maximes, des pensées, des aphorismes, des brèves de comptoir, des petites histoires ou bien des répliques. Elles font mouche, provoquent la surprise, le (sou)rire. Le petit frisson avant-coureur d'une jolie phrase qui vient... écrit Jules Renard dans son *Journal*. Voici donc l'humour présenté sous différentes formes. Il y souffle l'esprit. C'est-à-dire l'intelligence, l'irrévérence, la sagesse, la dérision, la provocation, la poésie, la beauté, la révolte, la liberté. Ces formes d'humour multiples stimulent et aiguisent la pensée. Le philosophe Walter Benjamin n'écrit-il pas en 1934, dans son *Essai sur Brecht*, à Paris où il s'est réfugié : « Et il n'y a pas de meilleur déclic pour la pensée que le rire. Et l'ébranlement du diaphragme, en particulier, offre habituellement de meilleures chances aux idées que l'ébranlement de l'âme. » ? Je prête à ces différentes formes d'humour les qualités que Woody Allen attribue aux grands romans : « une nourriture complète, avec vitamines et oligo-éléments ».

Franck Médioni

MAXIMES

Il y a deux tragédies dans la vie : l'une est de ne pas satisfaire son désir et l'autre de le satisfaire.

Oscar Wilde

*

Les célibataires aisés devraient être lourdement imposés. Il n'est pas juste que certains hommes soient plus heureux que les autres.

Oscar Wilde

*

La bigamie, c'est avoir une femme de trop. La monogamie c'est la même chose.

Oscar Wilde

*

Dans tous les cas, mariez-vous : si vous tombez sur une bonne épouse, vous serez heureux ; si vous tombez sur une mauvaise, vous deviendrez philosophe.

Socrate

*

J'aime parler de rien, c'est le seul domaine où j'ai de vagues connaissances.

Oscar Wilde

*

Le peu que je sais, c'est à mon ignorance que je le dois.

Sacha Guitry

*

J'ai poursuivi mes études sans jamais les rattraper.

Alphonse Allais

*

Il est toujours avantageux de porter un titre nobiliaire. Être « de quelque chose », ça pose un homme, comme être « de Garenne », ça pose un lapin.

Alphonse Allais

*

Tout ce qui est public devrait être gratuit. L'école, les transports et les filles.

Alphonse Allais

*

Il vaut mieux être cocu que veuf. Il y a moins de formalités.

Alphonse Allais

*

Si n'être point cocu vous semble un si grand bien,
Ne vous point marier en est le vrai moyen.

Molière

*

J'ai fait le bossu
Cocu
J'ai fait le beau cul
Cossu

Victor Hugo

*

J'ai fini par m'apercevoir que je n'étais plus le seul à partager la fidélité de mon épouse.

Eugène Labiche

*

C'est la plus fidèle de toutes les femmes : elle n'a trompé aucun de ses amants.

Jules Renard

*

Les chaînes du mariage sont si lourdes qu'il faut être deux pour les porter, quelques fois trois…

Alexandre Dumas

*

Sur le plus beau trône du monde, on n'est jamais assis que sur son cul.

Montaigne

*

Je fais des pièces et ma femme des scènes.

Eugène Labiche

*

C'est quand on serre une femme de trop près… qu'elle trouve qu'on va trop loin.

Alphonse Allais.

*

Les femmes sont plus chastes des oreilles que de tout le reste du corps.

Molière

*

Votre sexe n'est là que pour la dépendance : Du côté de la barbe est la toute-puissance.

Molière

*

Je ne crois pas beaucoup à la loi de la pesanteur : il est en effet plus facile de lever une femme que de la laisser tomber.

Georges Courteline

*

La femme est un certain animal difficile à connaître.

Molière

*

Appelons une femme un bel animal sans fourrure dont la peau est très recherchée.

Jules Renard

*

Mon chien est insupportable, mais je le garde pour des raisons sentimentales : mon mari le déteste.

Juliette Récamier

*

De tous les hommes que je n'aime pas, c'est certainement mon mari que je préfère.

Madame de Staël

*

L'amour, c'est un coup d'œil, un coup de rein et un coup d'éponge.

Sarah Bernhardt

*

J'ai épousé un Allemand. Tous les soirs, je me déguise en Pologne, et il m'envahit.

Bette Midler

*

Je n'en demande pas trop ! J'aimerais seulement trouver un homme prévenant, qui me comprendrait. Est-ce vraiment trop attendre d'un millionnaire ?

Zsa Zsa Gabor

*

Un homme ne peut pas se marier sans avoir étudié l'anatomie et disséqué une femme au moins.

Honoré de Balzac

*

Avant le mariage, une femme doit faire l'amour à un homme pour le retenir. Après le mariage, elle doit le retenir pour lui faire l'amour.

Marilyn Monroe

*

Le seul moment où une femme réussit à changer un homme, c'est quand il est bébé.

Nathalie Wood

*

Les hommes sont des créatures dotées de deux jambes et de huit mains.

Jayne Mansfield

*

Il y en a qui abusent de la permission qu'ont les hommes d'être laids.

Madame de Sévigné

*

La raison pour laquelle le mâle américain préfère une femme belle plutôt qu'intelligente, c'est parce qu'il voit mieux qu'il ne pense.

Farrah Fawcett

*

Devant un buste de moi récemment terminé, que je trouvais médiocre et que je lui montrais, Antoine Bourdelle m'a dit un jour :

– Ne soyez pas sévère, ne soyez surtout pas injuste. Ce n'est pas la faute du sculpteur.

*

Un seul amour fidèle, c'est l'amour-propre.

Sacha Guitry

*

Il est tellement cocu que, pour faire l'amour à sa femme, il se déguise en voisin.

Jules Renard

*

Il vaut mieux être cocu qu'aveugle. Au moins, on voit les confrères.

Guillaume Apollinaire

*

Un cocu ? Un entier qui partage sa moitié avec un tiers.

Alphonse Allais

*

Mon mari m'a tellement trompée que je ne suis même pas sûre d'être la mère de mes propres enfants.

Duchesse de Lauraguais

*

Il n'y a rien de tel au monde que l'amour d'une femme mariée. C'est une chose dont aucun mari ne se rendra jamais compte.

Oscar Wilde

*

On peut toujours reconnaître les femmes qui ont une entière confiance dans leurs maris : elles ont l'air si parfaitement malheureuse.

Oscar Wilde

*

Se marier, c'est prendre femme. Mais la femme de qui ?

Alexandre Dumas fils

*

Pourquoi n'aimerait-on pas sa femme ? On aime bien celle des autres.

Alexandre Dumas fils

*

J'ai souvent remarqué, pour ma part, que les cocus épousent de préférence les femmes adultères.

Alphonse Allais

*

On ne peut pas épouser les laiderons uniquement pour avoir la paix.

Sacha Guitry

*

Avec Françoise, nous partageons les tâches ménagères à la maison. J'apporte la poussière, elle nettoie.

Jacques Dutronc

*

Des prises de position, je n'en ai pas vraiment. Ma position est souvent couchée.

Jacques Dutronc

*

J'ai eu beaucoup de conquêtes. Et j'ai les notes de frais qui le prouvent.

Jacques Dutronc

*

Une femme peut tout faire, elle peut penser, parler, chanter, se taire quelquefois.

Sacha Guitry

*

Si la femme était bonne, Dieu en aurait une.

Sacha Guitry

*

Dépourvue d'âme, la femme est dans l'incapacité de s'élever vers Dieu. En revanche, elle est en général pourvue d'un escabeau qui lui permet de s'élever vers le plafond pour faire les carreaux. C'est tout ce qu'on lui demande.

Pierre Desproges

*

L'homme est fait pour la femme. La femme est faite pour l'homme… surtout en province, où il n'y a pas de distraction.

Georges Feydeau

*

Ma femme m'a converti à la religion. Je n'avais jamais cru à l'enfer avant d'être avec elle.

Hall Roach

*

Je dois épouser une vierge : je ne supporte pas la critique.

Karen Blixen

*

L'amour est aveugle, mais le mariage lui rend la vue.

Georg Christoph Lichtenberg

*

Les femmes, on les a dans les bras, puis un jour sur les bras et bientôt sur le dos.

Sacha Guitry

*

Un bon mariage serait celui d'une femme aveugle et d'un homme sourd.

Montaigne

*

Je suis une nature plutôt intime, qui préfère à tout autre plaisir la solitude à deux.

Alphonse Allais

*

Il y a un mariage qui rend un homme heureux : celui de sa fille.

Roger de Bussy-Rabutin

*

L'amour est un œuf frais
Le mariage est un œuf dur
Et le divorce est un œuf brouillé.

Père d'Oliban

*

On s'étudie trois jours, on s'aime trois mois, on se dispute trois ans, on se tolère trente ans, et les enfants recommencent.

Hippolyte Taine

*

Il y a deux sortes de mariage, le mariage blanc et le mariage multicolore. Ce dernier est ainsi appelé parce que chacun des deux conjoints en voit de toutes les couleurs.

Georges Courteline

*

La femme est assez proche de l'homme, comme l'épagneul breton. À ce détail près qu'il ne manque à l'épagneul breton que la parole alors qu'il ne manque à la femme que de se taire.

Pierre Desproges

*

Il y a trois choses intolérables dans la vie : le café froid, le champagne tiède et les femmes surexcitées.

Orson Welles

*

Le célibat ? On s'ennuie.
Le mariage ? On a des ennuis.

Sacha Guitry

*

Elle s'est donnée à moi, et c'est elle qui m'a eu.

Sacha Guitry

*

La chambre commune, c'est la sauvegarde de la fidélité conjugale. C'est même ce qui fait la force des unions libres.

Georges Feydeau

*

Le mariage est une greffe : cela prend bien ou mal.

Victor Hugo

*

Je pense des femmes comme Vauban des citadelles : toutes sont faites pour être prises. Toute la question est dans le nombre de jours.

Victor Hugo

*

Le ménage n'est plus un ménage lorsque c'est le chien qui apporte les pantoufles et la femme qui aboie.

Henry Bernstein

*

Le mariage n'est pas une loterie. À la loterie on gagne parfois.

George Bernard Shaw

*

Quand un homme et une femme sont mariés, ils ne font plus qu'un. La première difficulté est de décider lequel.

George Bernard Shaw

*

Le mariage est comme le restaurant : à peine est-on servi qu'on regarde ce qu'il y a dans l'assiette du voisin.

Sacha Guitry

*

Je préfère les femmes d'amis aux autres : comme ça, on sait à qui on a affaire.

Alphonse Allais

*

L'éditeur Charpentier, trouvant que sa femme le faisait trop cocu, s'écriait : « Est-il possible de traiter ainsi un homme qui a tant fait pour la librairie ! »

Gustave Flaubert

*

J'imagine un cocu disant :
– Ce qui m'exaspère, c'est de penser que ce monsieur sait maintenant de quoi je me contentais.

Sacha Guitry

*

Moi, je trouve qu'on doit avoir les mêmes égards pour sa maîtresse que pour sa légitime. Par conséquent, je la trompe !

Georges Feydeau

*

J'ai fini par m'apercevoir que je n'étais plus le seul à partager la fidélité de mon épouse.

Eugène Labiche

*

La première fois où nous avons fait l'amour, je lui ai demandé : « Est-ce que je suis ton premier homme ? » Elle m'a répondu : « Peut-être. Ton visage me dit quelque chose. »

Ronnie Bullard

*

Il était normand par sa mère et breton par un ami de son père.

Alphonse Allais

*

Certaines femmes aiment tellement leur mari que, pour ne pas l'user, elles prennent ceux de leurs amies.

Alexandre Dumas

*

Pourquoi n'aimerait-on pas sa femme ? On aime bien celle des autres.

Alexandre Dumas

*

La fidélité ? Il ne faut pas oublier que le mariage a été institué à une époque où l'espérance de vie ne dépassait pas trente ans.

Jacques Dutronc

*

Mon meilleur ami est parti avec ma femme. Il me manque.

Henny Youngman

*

Certaines femmes aiment tellement leur mari que, pour ne pas l'user, elles prennent ceux de leurs amies.

Alexandre Dumas fils

*

Il est évidemment bien dur de ne plus être aimé quand on aime, mais cela n'est pas comparable à l'être quand on n'aime plus.

Georges Courteline

*

La mère faisait les ménages, la fille les défaisait.

Georges Feydeau

*

Je suis amoureux de la même femme depuis quarante et un ans. Si ma femme s'en rend compte, elle va me tuer.

Henny Youngman

*

Une femme, c'est comme un cigare, il faut souvent la rallumer.

Arthur Rubinstein

*

Il n'y a qu'un décolleté pour pousser un homme à rechercher la profondeur chez une femme.

Zsa Zsa Gabor

*

Si vous voulez remplacer l'admiration de beaucoup d'hommes par les critiques d'un seul, allez-y, mariez-vous.

Katharine Hepburn

*

Ma mère est responsable de l'échec de ma vie sexuelle. Toute mon enfance, elle m'a seriné : « L'homme se met dessus et la femme dessous. » Résultat : pendant trois ans, mon mari et moi avons dormi dans des lits superposés.

Joan Rivers

*

Le mariage n'est plus ce qu'il était. Quand je rencontre un homme, la question que je me pose, c'est : « Est-ce que c'est avec lui que j'ai envie que nos enfants passent un week-end sur deux ? »

Rita Rudner

*

C'est en voyant les créatures avec qui certaines femmes se marient que l'on comprend à quel point elles doivent détester gagner leur vie en travaillant.

Helen Rowland

*

L'amour est un état de confusion dans lequel la victime ne peut distinguer entre une aspiration spirituelle, un désir charnel et un orgueil de propriétaire. L'homme sage satisfait des soifs différentes à des fontaines différentes.

John Huston

*

Ma femme Mary et moi sommes mariés depuis quarante-sept ans et pas une fois nous n'avons eu une dispute assez sérieuse pour envisager le divorce ; le meurtre oui, mais le divorce jamais.

Jack Benny

*

Personne ne gagnera jamais la guerre des sexes. Il y a beaucoup trop de fraternisation avec l'ennemi.

Henry Kissinger

*

Que seraient les hommes sans les femmes ? Peu nombreux, sacrément peu nombreux.

Mark Twain

*

Qu'importe la robe ! Que regarde-t-on ? L'écrin qui contient le diamant ?

Georges Feydeau

*

Premier jour de ma soixante-neuvième année. Un chiffre bien agréable en amour. Fichue affaire pour l'âge.

Paul Léautaud

*

Découvrant les honoraires de son médecin :
– Docteur, je meurs au-dessus de mes moyens.

Oscar Wilde

*

Le mariage est la principale cause de divorce.

Oscar Wilde

*

Quand son troisième mari est mort, elle est devenue blonde de chagrin.

Oscar Wilde

*

Les femmes et les chats feront ce qui leur plaira. Les hommes et les chiens devront se faire à cette idée.

Robert Heinlein

*

Vous savez à quoi ça ressemble une femme qui a une folle envie de faire l'amour ? Moi non plus.

Steve Martin

*

En regardant les gens marcher dans la rue, on apprend à distinguer les hommes des femmes : les têtes qui se tournent vers toutes les vitrines des magasins sont celles des femmes. Il existe d'autres moyens de vérification.

Groucho Marx

*

J'ai écrit ce livre durant les longues heures où ma femme s'habillait pour sortir. Si elle avait été adepte du naturisme, ce livre n'existerait pas.

Groucho Marx

*

Quel cul magnifique tu as... toi. Si tu as un QI supérieur à 30, c'est qu'il n'y a pas de justice divine !

Harvey Fierstein

*

Une alliance ne protège qu'un seul doigt.

Groucho Marx

*

Quelques effets secondaires de l'amour humain : l'institut de beauté, le bicarbonate de soude, la famille.

Groucho Marx

*

Je ne bois jamais. Sauf si un autre paie.

Groucho Marx

*

Je voulais faire une bonne action, alors j'ai acheté une chaise à ma belle-mère. Mais ils ne veulent pas que je branche la prise.

Henny Youngman

*

Aucun moment n'est le bon, sauf pour les choses agréables.

Woody Allen

*

Mon rêve : devenir le collant d'Ursula Andress.

Woody Allen

*

Nous vivons une époque beaucoup trop permissive. Jamais encore la pornographie ne s'était étalée avec une telle impudeur. Et, en plus, les films sont flous.

Woody Allen

*

Le loup et l'agneau partageront la même couche mais l'agneau ne dormira pas beaucoup.

Woody Allen

*

Les êtres humains : la seule espèce sur terre à pouvoir avoir des rapports sexuels par téléphone.

David Letterman

*

J'ai avoué la vérité à ma femme : que je voyais un psychanalyste. Elle m'a alors avoué la vérité : qu'elle voyait un psychiatre, deux plombiers et un barman.

Rodney Dangerfield

*

Une signature manuscrite révèle souvent le caractère de son auteur. Et parfois même son nom.

David Letterman

*

J'ai vu un film porno juif : une minute de sexe pour neuf minutes de culpabilité.

Dustin Hoffmann

*

Selon les spécialistes, il ne faut jamais frapper ses enfants quand on est en colère. Quand alors ? Quand on nage dans le bonheur ?

Helen Rowland

*

Le sexe n'est pas une réponse. Le sexe est une question. Et la réponse est : « Oui ».

Steve Martin

*

Mes jambes ne sont pas si belles que ça. Je sais juste quoi en faire.

Marlene Dietrich

*

Tout ce que vous voyez de moi, je le dois aux spaghetti.

Sophia Loren

*

Tous les hommes de la planète rêvent de passer une nuit avec Rita Hayworth… et le matin, ils se réveillent avec moi.

Rita Hayworth

*

Les femmes disposent de deux armes redoutables : le fard et les larmes. Heureusement pour les hommes, elles ne peuvent pas s'en servir en même temps.

Marilyn Monroe

*

Vous voulez savoir combien pèse ma poitrine. Je ne vous le dirai pas. Mais sachez que cela me coûterait 87 $ et 50 cents pour l'expédier au Brésil en dernière catégorie.

Bette Midler

*

Les femmes le savent bien que les hommes ne sont pas si bêtes qu'on croit – qu'ils le sont davantage.

Paul-Jean Toulet

*

Pour qu'un livre se vende bien, il faut qu'il y ait une belle fille sur la couverture, et il se vendra d'autant mieux qu'il y aura moins de couverture sur la belle fille !

Victor Hugo

Pourquoi être simplement assommante alors qu'avec un petit effort vous pourriez être insupportable.

Oscar Wilde

*

Son âme prend du ventre.

Jules Renard

*

Je pourrais dire tant de bien de vous que vous ne vous en relèveriez pas.

Raymond Devos

*

Est-ce ma faute à moi si j'aime mieux les femmes que j'aime que les femmes que je n'aime pas ?

Abbé Prévost

*

Pourquoi les choses qui n'arrivent qu'aux imbéciles m'arrivent à moi aussi ?

Homer Simpson

*

Adolescent, j'étais pyromane. On m'a placé dans un foyer.

Robin Williams

*

Ils s'aiment à tous vents.

Raymond Devos

*

Lorsqu'un chêne sent le sapin, il sait que sa dernière heure est arrivée.

Raymond Devos

*

Appeler un chat un chat, alors que c'est une chatte, n'est pas une marque de franchise, mais une erreur de jugement.

Raymond Devos

*

Le carré ment alors que le rond, point !

Raymond Devos

*

Pourquoi écrivez-vous « M. Barthou perdit son sang-froid » et « Don Quichotte perdit son Sancho » ?

Alphonse Allais

*

À vingt ans, la femme n'a pas les yeux dans sa poche. À quarante ans, elle a les yeux dans vos poches. À soixante ans, elle a des poches sous les yeux.

Eugène Beaumont

*

Le premier qui compara la femme à une rose était un poète ; le second était un imbécile.

Attribué à Gérard de Nerval

*

Ma femme aussi respirait l'honnêteté… Seulement elle avait la respiration très courte…

Eugène Labiche

*

On a remarqué que, de tous les animaux, les chats, les mouches et les femmes sont ceux qui perdent le plus de temps à leur toilette.

Charles Nodier

*

Si on vous fait des remarques sur la grandeur de votre lit, dites que vous comptez recevoir.

Eugène Labiche

*

L'homme : un chauffage d'appoint qui ronfle.

Rita Rudner

*

Aujourd'hui, si un homme tient la porte pour une femme, il y a de fortes chances pour que ce soit le portier.

Mae West

*

Si par nature, l'homme est une bête de sexe, j'ai toujours eu des animaux de compagnie.

Mae West

*

Un célibataire est un homme qui a raté l'occasion de rendre une femme malheureuse.

Jasmine Birtles

*

Aux États-Unis, le sexe est une obsession ; partout ailleurs dans le monde, c'est une réalité.

Marlene Dietrich

*

Tous les tableaux des grands peintres sont noirs la nuit. Alors qu'un tableau noir, le jour, peut se colorer à la craie de couleur.

Raymond Devos

*

Je ne connais absolument rien à la musique, mais dans mon domaine ce n'est pas nécessaire.

Elvis Presley

*

La vie : un homme a de la chance s'il en sort vivant.

W. C. Fields

*

Si la natation est bonne pour la ligne, pourquoi les baleines sont-elles si grosses.

Robert Mitchum

*

Si Michel-Ange avait été hétéro, il aurait peint le plafond de la chapelle Sixtine en blanc uni au rouleau.

Rita Mae Brown

*

Google, c'est le seul endroit où tu peux taper Chuck Norris.

Chuck Norris

*

Un jour Chuck Norris renversa une vieille dame. C'est la famille qui s'excusa.

Chuck Norris

*

La mort ne m'impressionne pas. J'ai moi-même, en effet, l'intention bien arrêtée de mourir un jour.

George Bernard Shaw

*

L'argent est préférable à la pauvreté, ne serait-ce que pour des raisons financières.

Woody Allen

*

Les femmes des uns font le bonheur des autres.

Gustave Flaubert

*

L'homme a reçu de la nature une clef avec laquelle il remonte sa femme toutes les vingt-quatre heures.

Victor Hugo

*

L'amour est comme l'opéra : on s'ennuie, mais on y retourne.

Gustave Flaubert

*

Les célibataires doivent en savoir plus que les autres sur les femmes. Sans quoi ils seraient mariés.

H. L. Mencken

*

Un baiser : c'est une demande adressée au deuxième étage pour savoir si le premier est libre.

Alphonse Karr

*

Chaque fois que j'ai aimé une femme, ça a toujours été pour toujours.

Eugène Labiche

*

Les anachorètes heureux et les cénobites tranquilles.

Dominique Chabin

*

Il y a des femmes qui sont comme le bâton enduit de confiture de roses dont parle le poète persan : on ne sait par quel bout les prendre.

Alphonse Allais

*

Je m'ennuyais. Voilà comment ça a commencé. Elle m'ennuyait, voilà comment ça a fini.

Alexandre Dumas fils

*

Il ne faut jamais juger les gens sur leurs fréquentations : Judas, par exemple, avait des amis irréprochables.

Paul Verlaine

*

Un gentleman, c'est quelqu'un qui sait jouer de la cornemuse mais qui s'en abstient.

Thomas Beecham

*

L'homme n'est pas fait pour travailler. La preuve, ça le fatigue.

Voltaire

*

Les chanceux sont ceux qui arrivent à tout ; les malchanceux, ceux à qui tout arrive.

Eugène Labiche

*

Si l'on veut gagner sa vie, il suffit de travailler. Si l'on veut devenir riche, il faut trouver autre chose.

Alphonse Karr

*

J'aime mieux les méchants que les imbéciles : eux, au moins, ils se reposent de temps en temps.

Alexandre Dumas fils

*

Les femmes entretenues prévoient toujours qu'on les aimera, jamais qu'elles aimeront, sans quoi elles mettraient de l'argent de côté.

Alexandre Dumas fils

*

Aucune femme ne se marie pour l'argent : elles sont toutes assez intelligentes pour tomber amoureuses d'un millionnaire avant de l'épouser.

Cesare Pavese

*

Être aimé est très différent d'être admiré, car l'on peut être admiré de loin, alors que pour aimer réellement quelqu'un, il est essentiel de se trouver dans la même chambre, et si possible sous le même drap.

Woody Allen

*

Du côté positif, mourir est une des rares choses que l'on puisse faire aussi bien couché que debout.

Woody Allen

*

Et si tout n'était qu'illusion ? Si rien n'existait ? Dans ce cas, j'aurais payé ma moquette beaucoup trop cher.

Woody Allen

*

Si l'homme était immortel, réalisez-vous le total de ses notes d'épicerie ?

Woody Allen

*

La vie n'a aucun but. Rien n'est durable. Même les œuvres de Shakespeare disparaîtront quand l'univers se désintégrera.

Woody Allen

*

Il ne fait aucun doute qu'il existe un monde invisible. Cependant, il est permis de se demander à quelle distance il se trouve du centre-ville et jusqu'à quelle heure il est ouvert.

Woody Allen

*

Dieu n'a créé les femmes que pour apprivoiser les hommes.

Voltaire

*

– Que faisait Dieu avant la création du monde ?
– Il préparait des supplices épouvantables à celui qui poserait cette question.

Saint Augustin

*

Non seulement Dieu n'existe pas, mais essayez donc de trouver un plombier pendant le week-end.

Woody Allen

*

Dieu a inventé l'homme parce qu'il était déçu du singe.

Mark Twain

*

Bien que je ne croie pas à une vie future, j'emporterai quand même des sous-vêtements de rechange.

Woody Allen

*

Dieu a inventé la calvitie pour rendre les hommes plus humbles.

Bruce Willis

*

Dieu, dans sa divine prévoyance, n'a pas donné de barbe aux femmes, parce qu'elles n'auraient pas su se taire pendant qu'on les eût rasées.

Alexandre Dumas

*

Immédiatement après la mort d'André Gide, Roger Nimier fait adresser le 20 février 1951 à François Mauriac un télégramme qui porte la signature du défunt, et qui dit : L'ENFER N'EXISTE PAS. POUVEZ VOUS AMUSER. INFORMEZ CLAUDEL.

*

Rabelais est à l'article de la mort. Le vicaire de Meudon lui porte la communion et lui demande s'il reconnaît bien Notre-Seigneur qui lui rend visite : « Oui, fait le mourant, je le reconnais à sa monture. »

*

Si Dieu pouvait tout à coup être condamné à vivre de la vie qu'il inflige à l'homme, il se tuerait.

Alexandre Dumas fils

*

Pensée : Pourquoi l'homme tue-t-il ? Il tue pour sa nourriture. Et point uniquement pour cela : il faut boire aussi.

Woody Allen

*

Dieu vous bénisse et vous fasse le nez comme j'ai la cuisse.

Pierre Augustin Caron de Beaumarchais

*

Dieu s'est fait homme ; soit ! Le diable s'est fait femme !

Victor Hugo

*

À la façon dont Il nous a traitées, on voit bien que Dieu est un homme.

Mme de Tencin

*

Je parle espagnol à Dieu, italien aux femmes, français aux hommes et allemand à mon cheval.

Charles Quint

*

Je viens de rompre avec Dieu. Je ne l'aime plus. En amour, on est toujours deux. Un qui s'emmerde et un qui est malheureux. Depuis quelque temps, Dieu me semblait malheureux. Alors, j'ai rompu.

Pierre Desproges

*

Noël célèbre la naissance de Jésus Christ, fils de Dieu, venu sur terre pour effacer les péchés du monde, mais il avait oublié sa gomme.

Pierre Desproges

*

Dieu et Dieu font trois.

Raymond Devos

*

Non, l'avenir n'est à personne ! Sire, l'avenir est à Dieu ! À chaque fois que l'heure sonne, tout ici-bas nous dit adieu.

Victor Hugo

*

L'athée dresse contre Dieu un Procès-verbal de carence.

Victor Hugo

*

Enfer chrétien : du feu. Enfer païen : du feu. Enfer mahométan : du feu. Enfer hindou : des flammes. À en croire les religions, Dieu est un rôtisseur.

Victor Hugo

*

Dieu reste muet, si seulement nous pouvions convaincre l'être humain d'en faire autant.

Woody Allen

*

Mais que foutait Dieu avant la Création ?

Stendhal

*

Dieu me pardonnera : après tout, c'est son métier.

Heinrich Heine

*

Ce qui excuse Dieu, c'est qu'il n'existe pas.

Gustave Flaubert

*

Si Dieu n'avait pas existé, il n'aurait pas été nécessaire de l'inventer.

Voltaire

*

Si Dieu nous a faits à son image, nous le lui avons bien rendu.

Voltaire

*

Dieu ? Nous nous saluons, mais nous ne nous parlons pas.

Voltaire

*

Un capucin disait : Dieu a mis sagement la mort après la vie ; car s'Il avait mis la mort devant, on n'aurait pas le temps de faire pénitence.

Voltaire

*

Je suis allé à Lourdes avec ma femme. Il n'y a pas eu de miracle. Je suis revenu avec.

Seymour Brussels

*

La femme est, selon la Bible, la dernière chose que Dieu a faite. Il a dû la faire le samedi soir. On sent la fatigue.

Alexandre Dumas fils

*

Les hommes naissent libres et égaux en droit. Après, ils se démerdent.

Jean Yanne

*

Donnez-moi simplement une bonne raquette, une boîte de balles et une superbe partenaire… Et vous pouvez sans problème garder la raquette et les balles.

Jack Benny

*

À chaque fois que je vois le prince Charles, je pense qu'un membre de la famille royale a sûrement dû un jour être très proche d'un autre membre de la famille royale.

Robin Williams

*

J'ai appris mon métier comme les singes, en regardant mes parents.

Charles d'Angleterre

*

L'homme descend du singe et monte sur la femme.

Jean Yanne

*

Si l'homme descend du singe, il peut aussi y remonter.

Buster Keaton

*

Il importe peu de descendre du singe; l'essentiel est de ne pas y remonter.

Richard Wagner

*

Les femmes ressemblent aux girouettes : elles se fixent quand elles rouillent.

Voltaire

*

Il y avait trois dames de Paris assez laides à la Cour; on disait que c'étaient des ponts sans garde-fous, parce que personne ne voulait passer dessus.

Voltaire

*

Il faut cacher la profondeur. Où ça ? À la surface.

Hugo von Hofmannsthal

*

C'est lorsqu'un moustique se pose sur vos testicules que vous comprenez que toute situation ne peut être résolue par la violence...

Anonyme

*

Le comble de l'inattention ? Prendre l'édit de Nantes pour une Anglaise.

Marcel Proust

*

Le comble pour un journaliste ? Être à l'article de la mort.

Jules Renard

*

Même dans son silence, il y avait des fautes d'orthographe.

Stanislas Jersy Lec

*

La femme est notre propriété, nous ne sommes pas la sienne. Comme l'arbre à fruits est celle du jardinier.

Napoléon Ier

*

Paul Newman est riche, beau, toujours amoureux de sa femme et participe à des courses automobiles. Après avoir dîné avec lui, on a envie de se supprimer.

Robert Redford

*

L'amour, c'est un sport. Surtout s'il y en a un des deux qui veut pas.

Jean Yanne

*

Je sais que pour une femme c'est difficile de rendre un homme heureux. Mais si ce travail vous paraît trop dur toute seule, mettez-vous à plusieurs !

Jean Yanne

*

L'amour… Il y a ceux qui en parlent et il y a ceux qui le font. À partir de quoi il m'apparaît urgent de me taire.

Pierre Desproges

*

Pourquoi contredire une femme ? Il est tellement plus simple d'attendre qu'elle change d'avis !

Georges Feydeau

*

Une fois, alors que nous faisions l'amour, elle eut presque l'air de bouger.

Woody Allen

*

Mes parents avaient vécu quarante ans ensemble, mais par pure animosité

Woody Allen

*

Selon les astronomes modernes, l'espace est limité. Voilà une pensée très réconfortante particulièrement pour les gens qui ne se rappellent jamais où ils ont mis les choses.

Woody Allen

*

La mort est un état de non-existence. Ce qui n'est pas n'existe pas. Donc la mort n'existe pas.

Woody Allen

*

Je préfère l'incinération à l'enterrement, et les deux à un week-end avec ma femme.

Woody Allen

*

J'ai décidé de rompre mes fiançailles avec M.... Nous nous sommes disputés, et elle a remis sur le tapis la question des enfants, mais j'ai réussi à la convaincre qu'ils seraient trop jeunes lorsque nous en aurions.

Woody Allen

*

C'est ma belle-mère qui a détruit notre mariage : ma femme est rentrée un jour du travail, et nous a trouvé sa mère et moi au lit.

Lenny Bruce

*

Si j'avais eu un vagin à la place d'un pénis, j'aurais été plus sélectif sur mes partenaires sexuels.

Dustin Hoffman

*

J'ai dit à mon psy que tout le monde me détestait. Il m'a répondu que j'étais ridicule – que tout le monde ne me connaissait pas encore.

Rodney Dangerfield

*

Un jour, je suis rentré de l'école avec 8 sur 10 en maths. Je l'ai dit à ma mère. Elle m'a demandé qui avait eu les deux autres points.

Sam Levenson

*

Vous voyez quand vous mettez un bâton dans l'eau et qu'il a l'air tordu ? C'est pour ça que je ne prends jamais de bain.

Steven Wright

*

Souvent femme varie
Bien fol qui s'y fie.

François Ier

*

Il dit des choses si sottes qu'on peut s'étonner qu'il le fasse avec la bouche.

Georg Lichtenberg

*

Il deviendrait subitement idiot qu'on ne s'en apercevrait pas.

Robert de Montesquiou

*

Passer pour un idiot, aux yeux d'un imbécile est une volonté de fin gourmet.

Georges Courteline

*

Une femme est allée voir un chirurgien plasticien et lui a demandé de la faire ressembler à Britney Spears. Il lui a fait une lobotomie.

Joan Rivers

*

À un général, on dit « mon général ».
À un colonel, on dit « mon colonel ».
À un adjudant, on dit « mon adjudant ».
À un deuxième classe, on dit « ta gueule », à condition d'être adjudant.

Pierre Desproges

*

C'est pas possible ! Pour être aussi con, tu as appris.

Jean Yanne

*

Demander à un écrivain ce qu'il pense des critiques, c'est comme demander à un réverbère ce qu'il pense des chiens.

John Osborne

*

Vous pouvez me serrer la main sans crainte : le talent, ce n'est pas contagieux.

Sarah Bernhardt

*

Il est des gens qui ont une bibliothèque comme les eunuques ont un harem.

Victor Hugo

*

Si j'ai un jour du plomb dans la tête, ce sera du 7.65.

Alphonse Allais

*

Le monde est un théâtre, mais la pièce est mal distribuée.

Oscar Wilde

*

Rien ne produit autant d'effet qu'une bonne platitude. Cela donne à tout le monde un sentiment de parenté.

Oscar Wilde

*

Les chanceux sont ceux qui arrivent à tout, les malchanceux, ceux à qui tout arrive.

Eugène Labiche

*

On reconnaît le rouquin aux cheveux du père et le requin aux dents de la mère.

Pierre Desproges

*

Si ce sont les meilleurs qui partent les premiers, que faut-il penser des éjaculateurs précoces ?

Pierre Desproges

*

Ah ! L'éternel féminin !, comme disait ce monsieur dont la belle-mère n'en finissait pas de claquer...

Alphonse Allais

*

On peut battre une femme quand il n'y a pas d'autre moyen de la faire taire.

Georges Courteline

*

La femme : un être qui s'habille, babille et se déshabille.

Alphonse Karr

*

Les femmes ont besoin d'une raison pour faire l'amour. Les hommes ont juste besoin d'un endroit.

Billy Cristal

*

Bien sûr, j'ai un léger avantage sur la plupart d'entre vous. Cela aide un tantinet de rappeler à sa femme qu'on a renoncé au trône pour elle.

Edward VII

*

J'évite toujours de faire des prédictions à l'avance : il vaut beaucoup mieux prédire un événement une fois qu'il s'est produit.

Winston Churchill

*

Nous sommes tous des vers. Mais moi, je crois que je suis un ver luisant.

Winston Churchill

*

Je ne déteste personne sauf Hitler, et c'est pour des raisons professionnelles.

Winston Churchill

*

J'aime les cochons.
Les chiens nous regardent avec admiration.
Les chats nous regardent avec mépris.
Les cochons nous traitent comme leurs égaux.

Winston Churchill

*

Père m'a dit que, si je rencontrais une femme avec une robe comme la vôtre, je devais la regarder dans les yeux.

Prince Charles

*

La contribution des Anglais à la gastronomie : la chips.

John Cleese

*

Si les Anglais peuvent survivre à leur cuisine, ils peuvent survivre à tout.

George Bernard Shaw

*

L'alcool tue lentement. On s'en fout. On n'est pas pressés.

Georges Courteline

*

L'alcool est un ennemi. Qui fuit l'ennemi est un lâche.

Pancarte vue dans un bistrot

*

On n'est jamais saoul quand on peut rester allongé sans s'agripper au sol.

Dean Martin

*

Mon meilleur ami est mort d'avoir bu de l'eau. C'est un cas patent de noyade interne.

W. C. Fields

*

J'ai rejoint les alcooliques anonymes. Je bois toujours, mais sous un autre nom.

Jerry Dennis

*

Partout où je vais, on me dit de boire avec modération. Pas de problème. Présentez-le moi ce « modération » qui boit des coups avec tout le monde.

Jacques Dutronc

*

Il faut manger pour vivre et non pas vivre pour manger. De même qu'il faut boire pour vivre et non pas vivre sans boire, sinon c'est dégueulasse.

Pierre Desproges

*

Je ne suis pas raciste, mais il faut bien voir les choses en face : les enfants ne sont pas des gens comme nous.

Pierre Desproges

*

Les mecs qui disent « Je fume 2 paquets par jour », il ne faut pas qu'ils s'étonnent d'être mal. C'est les cigarettes qu'il faut fumer, les gars !

Jacques Dutronc

*

Je boirai du lait quand les vaches brouteront du raisin.

Henri de Toulouse-Lautrec

*

Il y a plus de vieux ivrognes que de vieux médecins.

Rabelais

*

Je bois pour calmer mes nerfs. Hier soir, je les ai tellement calmés que je ne pouvais plus bouger.

Joe E. Lewis

*

Je bois trop : à mon dernier échantillon d'urine, il y avait une olive dans le bocal.

Rodney Dangerfield

*

L'alcool est peut-être le pire ennemi de l'homme, mais la Bible dit qu'il faut aimer son ennemi.

Frank Sinatra

*

Si la télévision n'était pas aussi éloignée du réfrigérateur, certains Américains ne feraient pas d'exercice du tout.

Joey Adams

*

En ce moment, elle est tellement mauvaise, votre télé, que le soir, je parle à ma femme.

Un chauffeur de taxi à Pierre Tchernia

*

À Marie Dorval qui fut la maîtresse adorée de Vigny : Vous n'êtes pas jolie, vous êtes pire !

Victor Hugo

*

Les vieillards tiennent beaucoup à leurs idées. C'est pourquoi les naturels des îles Fidji tuent leurs parents quand ils sont vieux. Ils facilitent ainsi l'évolution, tandis que nous en retardons la marche en faisant des académies.

Anatole France

*

Ces gens doctement ridicules
Parlant de tout, nourris de vent
Et qui pèsent si gravement
Des points, des mots et des virgules

Voltaire

*

Quarante appelés et peu de lus.

Pierre Véron

*

La France contient trente-six millions de sujets, dans compter les sujets de mécontentement.

Henri de Rochefort

*

Si les autres parties du monde ont des singes ; l'Europe a des Français. Cela se compense.

Arthur Schopenhauer

*

Beaucoup d'amis sont comme le cadran solaire : ils ne marquent que les heures où le soleil vous luit.

Victor Hugo

*

Je me suis fait auprès de ma femme une solide réputation de monogame.

Pierre Desproges

*

Au lieu de vous emmerder à lire tout Sartre, achetez *Minute* : pour dix balles vous aurez la Nausée et les Mains sales.

Pierre Desproges

*

L'intelligence c'est comme les parachutes, quand on n'en a pas, on s'écrase.

Pierre Desproges

*

En Angleterre, un homme accusé de bigamie est sauvé par son avocat qui démontre que son client avait trois femmes.

Georg Christoph Lichtenberg

*

Les Beatles n'existeront plus tant que John [Lennon] sera mort.

George Harrison

*

Les bavards sont les plus discrets des hommes : ils parlent pour ne rien dire.

Voltaire

*

Demain, je fuirai l'Ardèche. Ce nom me fait horreur ! Et pourtant, il renferme les deux mots auxquels j'ai voué ma vie : art, dèche.

Stéphane Mallarmé

*

Il est si doux de vivre ! On ne meurt qu'une fois et c'est pour si longtemps !...

Molière

*

Certains livres ressemblent à la cuisine italienne : ils bourrent mais ne remplissent pas.

Les frères Goncourt

*

Presque tous les lézards ont perdu leur queue vers le moment où ils atteignent le milieu de leur vie. Il en va de même de la plupart des hommes.

Samuel Butler

*

Des enfants ? Je préfère en commencer cent que d'en terminer un seul.

Pauline Bonaparte

*

Un mari quelque peu volage
Le lendemain de son mariage
Tua sa femme à son réveil
Moralité :
La nuit porte conseil.

Alphonse Allais

*

Sortant de certaines bouches,
la vérité elle-même a mauvaise odeur.

Jean Rostand

*

L'homme a été taillé dans un bois si tordu qu'il est douteux qu'on en puisse jamais tirer quelque chose de tout à fait droit.

Emmanuel Kant

*

On a été cambriolé par des homosexuels. Ils ont fracturé la porte d'entrée et ils ont refait la déco de l'appart.

Robin Williams

*

Il ne faut pas désespérer des imbéciles. Avec un peu d'entraînement, on peut arriver à en faire des militaires.

Pierre Desproges

*

Les fonctionnaires sont les meilleurs maris : quand ils rentrent le soir à la maison, ils ne sont pas fatigués et ont déjà lu le journal.

Georges Clemenceau

*

La guerre ! C'est une chose trop grave pour la confier à des militaires !

Georges Clemenceau

*

La justice militaire est à la justice ce que la musique militaire est à la musique.

Georges Clemenceau

*

Quand les talons claquent, les cerveaux se vident.

Georges Clemenceau

*

Le maréchal Lyautey, voilà un militaire qui a des couilles au cul. L'ennui, c'est que ce ne sont pas les siennes.

Georges Clemenceau

*

Le son du clairon ne fait penser à rien. C'est en cela qu'il est essentiellement militaire.

Joseph Joubert

*

Tuez un homme, vous êtes un assassin, tuez des milliers d'hommes, vous êtes un héros.

Beilby Portens

*

Dix fois les journalistes ont annoncé ma mort. Sur ma tombe, il faudra écrire : « Encore ! »

Jacques Dutronc

*

Il en est des médecins comme des avocats. La seule différence c'est que l'avocat se contente de vous voler alors que le médecin vous vole et vous tue par la même occasion.

Anton Tchekhov

*

Un soir à Los Angeles, j'ai trouvé une blonde nue dans mon lit en rentrant dans ma chambre d'hôtel. Je ne mange pas de ce pain-là. Je lui ai laissé vingt-quatre heures pour foutre le camp !

Dean Martin

*

Un archéologue est un époux rêvé. Plus sa femme vieillit, plus il s'intéresse à elle.

Agatha Christie

*

Mon mari et moi, on hésite entre faire un enfant ou acheter un chien. On ne sait pas encore si on veut ruiner nos vies ou seulement nos tapis.

Rita Rudner

MOTS D'ESPRIT

Il ne faut pas courir deux lèvres à la fois.

Honoré de Balzac

*

Il faut battre son frère quand il est chaud !

Honoré de Balzac

*

À chacun sa chacune, à Lacan ses lacunes.

Anonyme

*

Au commencement était le verge.

Jacques Lacan

*

Il ne faut pas confondre laconisme à Lacan et lacanisme à la con.

Louis Soler

*

L'avenir appartient à ceux qui ont des ouvriers qui se lèvent tôt.

Anonyme

*

Je vais lui tirer les vers du nez pour savoir ce qu'elle a dans le ventre.

Eugène Sue

*

Le problème de notre temps, c'est que le futur n'est plus ce qu'il a été.

Paul Valéry

*

Il disait qu'il n'y a qu'une antistrophe entre femme folle à la messe et femme molle à la fesse.

Rabelais

*

Le grand Dieu fit les planètes et nous faisons les plats nets.

Rabelais

*

Je me suis brouillé avec des œufs.

Kevin Bacon

*

Enfant : fruit qu'on fit.

Léo Campion

*

Elle était aussi bien de fesses que de face.

Raymond Queneau

*

Si haut qu'on monte, on finit toujours par des cendres.

Henri de Rochefort

*

Je lâcherais tout, même la proie, pour Londres.

Alphonse Allais

*

L'ouverture d'esprit n'est pas une fracture du crâne.

Anonyme

*

J'ai connu le bonheur, mais ce n'est pas ce qui m'a rendu le plus heureux.

Jules Renard

*

L'astrologie ? La science désastre.

Jacques Dutronc

*

Singe : animal arboricole qui se sent également très à l'aise dans les arbres généalogiques.

Ambrose Bierce

*

Érection. Ne se dit qu'en parlant des monuments.

Gustave Flaubert

*

Chasse à courre : c'est l'insupportable qui poursuit l'immangeable.

Oscar Wilde

*

Arsenic : arme adroite pour faire passer l'arme à gauche.

Alexandre Dumas

*

Femme. C'est pire que paysan – semis, arrosage, arrachage... Jambes à épiler, aisselles à raser, ongles à limer… Un programme si rigoureusement exigeant qu'il suffit de se laisser aller quelques jours pour se retrouver en jachère.

Helen Fielding

*

C'était un militaire tellement bête que même ses camarades s'en étaient aperçus.

Winston Churchill

*

Amour : c'est court, cher et la position est ridicule.

Philip Chesterfield

*

Le golf est un jeu consistant à envoyer une toute petite balle dans un trou encore plus petit avec des armes bigrement mal conçues pour cet usage.

Winston Churchill

*

Jarretière. Bande élastique servant à empêcher une femme de sortir de ses bas, pour ravager les campagnes.

Ambrose Bierce

*

Giron. Un des organes les plus importants de l'anatomie féminine. Cette admirable provision de la nature est destinée au repos de l'enfance, mais son utilité se fait surtout sentir au cours de festivités rurales, car l'on y dépose les plats de poulet froid et les têtes des adultes mâles. Le mâle de l'espèce possède un giron rudimentaire, imparfaitement développé et ne contribuant en aucune façon au bien-être substantiel de l'animal.

Ambrose Bierce

*

Surmenage : dangereuse maladie affectant les hauts fonctionnaires désireux d'aller à la pêche.

Ambrose Bierce

*

Il a l'esprit de famille.
Le drame, c'est que sa famille n'a pas d'esprit.

Raymond Devos

*

Je ne suis pas trop vieux pour elle, c'est elle qui n'est pas assez jeune pour moi.

Groucho Marx

*

Un spectateur m'a fait remarquer à l'entracte que je n'avais pas encore employé le mot « cul ». Je lui ai répondu simplement : « Je n'ai pas su où le placer. »

Raymond Devos

*

Je ne montre pas mes fesses en public. On croit que c'est par pudeur. C'est surtout parce que je ne suis pas sûr du résultat.

Raymond Devos

*

Je n'aime pas trop les entretiens. Cela dit, quand on ne m'interrogera plus, peut-être que je m'interrogerai...

Raymond Devos

*

Rien de plus sale que l'amour-propre.

Marguerite Yourcenar

*

Elle est très bien, vue de dot.

Georges Feydeau

*

Le beurre demi-sel ? C'est celui qu'on trouve dans les livres de messe, non ?

Jean Yanne

*

Ni dieu ni maître, même nageur!

Jean Yanne

*

Toujours le petit mort pour rire.

Tristan Corbière

*

Voici l'été, épousez une femme ombrageuse.

Jules Jouy

*

Le caca d'un monarque, c'est la foire du trône.

Jules Jouy

*

Le rabbi ne fait pas le moine.

Franck Médioni

*

On n'est jamais aussi bien asservi que par soi-même.

Franck Médioni

*

Il n'est jamais trop tard pour ne rien faire.

Franck Médioni

*

Tout vient à point qui sait la tendre.

Franck Médioni

*

À chaque jour suffit sa reine.

Franck Médioni

*

La musique adoucit les meurtres.

Franck Médioni

*

On ne badine pas avec l'humour.

Anonyme

*

Les absents ont toujours tort de revenir.

Jules Renard

*

À force de vouloir faire la lumière sur tout, on ne distingue plus rien !

Raymond Devos

*

Comme il buvait sec, il avait toujours soif.

Raymond Devos

*

Lorsqu'une femme vous dit : « Ne me regardez pas, je suis nue ! », c'est parce que vous ne la regardez pas !

Raymond Devos

*

Il vaut mieux brûler franchement que s'éteindre à petit feu.

Neil Young

*

La mort est un manque de savoir-vivre.

Alphonse Allais

*

Comment distinguer un croyant d'un athée,
Envoyez-les tous les deux au diable !
Le croyant y va !

Raymond Devos

*

Je n'oublie jamais un visage, mais je ferai une exception dans votre cas !

Groucho Marx

HUMOUR NOIR

Si haut qu'on monte, on finit toujours par des cendres.

Henri de Rochefort

*

La mort ne m'impressionne pas. J'ai moi-même, en effet, l'intention bien arrêtée de mourir un jour.

George Bernard Shaw

*

Le seul sport que j'aie jamais pratiqué, c'est la marche à pied, quand je suivais les enterrements de mes amis sportifs.

George Bernard Shaw

*

On pourrait citer de nombreux exemples de dépenses inutiles. Les murs des cimetières par exemple : ceux qui sont dedans ne peuvent pas en sortir, et ceux qui sont à l'extérieur ne veulent pas y entrer.

Mark Twain

*

On ne meurt qu'une fois et c'est pour si longtemps !

Molière

*

Apprendre à mourir ! Et pourquoi donc ? On y réussit très bien la première fois !

Chamfort

*

Groucho prenant le pouls d'Harpo :
– Ou cet homme est mort, ou ma montre est arrêtée.

Groucho Marx

*

Il est curieux de constater, que dans l'armée, les statistiques le prouvent, la mort augmente bizarrement en temps de guerre.

Alphonse Allais

*

Les vieillards, il faut les tuer très jeunes.

Alfred Jarry

*

Les médecins : « Sauf complications, il va mourir. »
Jules Renard

*

Rien ne sert de mourir : il faut mourir à point.
Jules Renard

*

– Aimez-vous les enfants ?
– Oui, bien cuits.

Alfred Jarry

*

Ci-gît ma femme. Ah ! qu'elle est bien
Pour son repos et pour le mien.
Attribué à Jean Marot, père de Clément Marot.

*

Je ne sais rien de gai comme un enterrement.
Paul Verlaine

*

Maintenant que je suis vieux, lorsque je parcours un cimetière, j'ai l'impression de visiter des appartements.
Édouard Herriot

*

Faire des concessions. Oui, c'est un point de vue – mais sur un cimetière.

Sacha Guitry

*

Mon frère, il est mort à l'étranger, à Paris, précisément. La cause du décès était-elle précisée ? Il semblerait que ce soit un gros refroidissement.

Oscar Wilde

*

Ci-gît Allais. Sans retour.

Alphonse Allais

*

Comestible : susceptible d'être mangé et digéré, comme un ver pour un crapaud, un crapaud pour un serpent, un serpent pour un cochon, un cochon pour l'homme et l'homme pour le ver.

Ambrose Bierce

*

Ma femme est très malade, il paraît même qu'elle ne va pas passer la nuit. Alors, il m'est venu l'idée d'enterrer joyeusement ma vie de mari.

Alphonse Allais

*

Les femmes vivent plus longtemps que les hommes, surtout quand elles sont veuves.

Georges Clemenceau

*

Pour mes obsèques, je ne veux que le strict nécessaire, c'est-à-dire moi.

Georges Clemenceau

*

Ce n'est pas la force de son esprit, mais celle du vent qui a porté cet homme où il est.

Georg Christoph Lichtenberg

*

Celui qui meurt cette année en est quitte pour l'an prochain.

William Shakespeare

*

Qu'est-ce que la mort ?
Un mauvais moment à trépasser.

Claude Aveline

*

Yves Mirande, aux obsèques de l'acteur Jules Berry, bien connu pour ne jamais savoir ses rôles.

– C'est bien la première fois qu'on honore sa mémoire !

*

Le jour de l'incinération de Moréas, au colombarium du Père Lachaise :

– Quelle belle fin ! Il s'en va comme un cigare…

Alfred Capus

*

L'employé demande à la veuve quel genre de crémation elle désire pour le défunt (du four français ou du four milanais). La pauvre femme s'écrie :

– Oh, monsieur, le four français ! Mon mari ne pouvait pas sentir la cuisine italienne !

Alphonse Allais

*

Orsini, auteur de l'attentat manqué contre Napoléon III, mourut le 13 mars 1858. Son complice Piéri, tandis qu'on le préparait pour la guillotine, claquait des dents. Orsini dit alors à l'un des gardiens :

– Veuillez prier monsieur l'exécuteur de ne pas jeter ma tête dans le même panier que celle de cet homme qui tremble.

*

Il dormait à poings fermés pour cause de décès.

Jules Renard

*

Le cercueil est le salon des morts ; ils y reçoivent des vers.

Xavier Forneret

*

Georges Clemenceau à son médecin à qui l'on avait coupé la jambe :

– Vous qui avez déjà un pied dans la tombe…

*

Et Jean tua Madeleine. Ce fut à peu près vers cette époque que Madeleine perdit l'habitude de tromper Jean.

Alphonse Allais

*

J'approche tout doucement du moment où les philosophes et les imbéciles ont la même destinée.

Voltaire

*

Nous deviendrons tous poètes, nous allons tous faire des vers…

Danton

*

– Pardon, monsieur, aimez-vous les enfants ?
– Je n'en ai jamais mangé... mais enfin... avec plaisir.

Cami

*

– Votre père est mort.
– Ce n'est pas vrai !...
– Si. Enfin, je l'espère en tout cas... parce qu'on l'a incinéré.

(*Laurel et Hardy au Far West*)

*

Vous faites bien d'amasser de l'argent pendant votre vie : on ne sait ce qui arrivera après la mort.

Montesquieu

*

Sa mort l'a fait connaître.
Il peut revenir maintenant.

Sacha Guitry

*

Rira bien qui mourra le dernier.

Philippe Soupault

*

À son lit de mort, La Place dit à Piron : cela va-t-il ?

– Non, dit Piron, cela s'en va !

*

L'inceste resserre les liens de la famille.

Marquis de Sade

*

Guillotine. Machine qui fait hausser les épaules à un Français pour une excellente raison.

Ambrose Bierce

*

Après la corrida, Georges a un petit creux. Il va manger dans un petit restaurant du coin. Il commande son menu et voit dans l'assiette de son voisin deux grosses boules. Intrigué, il demande au serveur :

– Qu'est-ce que c'est ?

Le serveur lui répond :

– Ce sont des rognons de taureau.

– Mince alors, ça a l'air bon, j'en prendrai la prochaine fois.

Quelques jours plus tard, il retourne au restaurant et commande des rognons.

Le serveur revient avec son plat : deux petites boules. Surpris, Georges demande :

– Je ne comprends pas, la dernière fois que je suis venu,

la personne qui était à côté de moi avait commandé le même plat, et elles étaient dix fois plus grosses.

Le serveur répond :

– Monsieur, dans l'arène, ce n'est pas toujours le même qui gagne !

*

Une comédienne divorcée rencontre dans une réception son ancien mari, qui a épousé une cuisinière. L'une des invités dit à la comédienne :

– Sa nouvelle femme a l'air de lui mitonner une belle petite vie !

– Elle a l'art d'accommoder les restes.

*

Pierre croise un de ses copains dans la rue.

– Salut Jean ! Quoi de neuf ?

– Ben, ma belle-mère est morte la semaine dernière...

– Mince ! Qu'est-ce qu'elle avait ?

– Pas grand-chose : une commode, quelques tableaux...

*

Une femme rentre chez elle. Elle est énervée et dit à son mari :

– Il faut renvoyer le chauffeur, c'est la deuxième fois qu'il essaie de me tuer !

– Oh, laisse-lui encore une chance !

*

Un père cuisine du lapin pour dîner. Pour ne pas effrayer ses enfants qui ont un lapin domestique, il ne leur dit pas ce qu'il a cuisiné. Ils commencent à manger. Sa fille aînée lui dit :

– C'est super bon, papa ! Qu'est-ce que c'est ?

– Devine ! Je peux juste te dire que ta maman m'appelle souvent comme ça…

La petite fille se met alors à crier à son petit frère :

– Arrête de manger ! C'est du trou du cul !

*

Un jeune homme est jugé pour le meurtre de ses parents. Le juge lui demande :

– Qu'avez-vous à dire pour votre défense ?

– Vous n'allez quand même pas condamner un orphelin ? !

*

– Comment aimeriez-vous mourir ?

– Dans le calme et la dignité, comme mon père, et surtout pas en criant et en hurlant comme ses passagers.

Pat O'Brien

*

Un juge vient de condamner un accusé, coupable de plusieurs crimes et délits, à 135 années de prison.

– Bien entendu, ajoute-t-il, vous ferez ce que vous pourrez.

*

Rudyard Kipling écrit à un journal qui avait annoncé sa mort : « Comme vous êtes généralement bien informés, cette nouvelle doit être exacte. C'est pourquoi je vous prie d'annuler mon abonnement qui ne me sera désormais d'aucune utilité. »

*

Un naufragé anglais, après avoir longtemps erré dans la brousse, finit par atteindre un village où il voit une potence à laquelle se balance un pendu.

– Dieu soit loué ! s'écrie-t-il. Me voici en pays civilisé.

*

Un lord écossais invite trois amis à s'exercer à un jeu inventé par un de ses ancêtres. Celui-ci consiste à poser une pomme sur la tête de son jardinier, à placer l'homme à cinquante mètres et à tirer un trait d'arbalète pour couper le fruit en deux.

Le premier tire et la flèche coupe la pomme en deux. Très fier, il s'exclame : « I am ROBIN HOOD ! »

Le deuxième tire et coupe aussi le fruit en deux. Très fier, il s'exclame : « I am WILLIAM TELL. »

Le troisième tire et rate sa cible. La flèche traverse la gorge du jardinier, qui s'écroule sur le sol. L'homme s'approche et dit : « I am… sorry. »

*

Malesherbes est exécuté le 22 avril 1794. Il trébuche en montant à l'échafaud.

– Un Romain, murmura-t-il, aurait vu là un mauvais présage, et serait rentré chez lui.

*

Richard Sheridan, auteur dramatique, est propriétaire d'un théâtre. Un soir, un incendie dévore l'immeuble. C'est en vain que l'on cherche Sheridan. A-t-il disparu dans les flammes ? On le retrouve tranquillement attablé dans une taverne voisine. Et comme on s'étonne, il dit :

– Quoi ! On veut empêcher un gentleman de boire un verre de vin au coin de son feu ? !

*

Aux États-Unis. C'est l'époque des pionniers. Le vieux Joe a abattu un autre habitant du village à coup de carabine. Le sheriff vient le sermonner :

– C'est pas raisonnable, Joe, lui dit-il. C'était ton voisin. Il habitait à une portée de fusil de chez toi...

– Justement, répond Joe. C'était tentant.

RÉPLIQUES

Henri IV, tombé depuis peu amoureux d'Henriette d'Entragues, lui demanda :

– Par où faut-il que je passe pour aller dans votre chambre ?

– Sire, par l'église.

*

– Je ne crois pas en Dieu, confia un jour Baudelaire à Monseigneur Veuillot.

– Oh ! Qu'il sera contrarié !

*

Selon Apollinaire, sur la cheminée de la chambre d'Alfred Jarry se trouvait un monumental phallus en pierre. Une dame de lettres, venue lui rendre visite, aperçoit l'objet. Elle le désigne, interrogative :

– C'est une reproduction ?

– Que non, madame, répond Jarry, c'est une réduction !

*

Le prince de Conti, qui n'a rien d'un Adonis, part en voyage et dit à sa femme :

– Madame, je vous recommande surtout de ne pas me tromper pendant mon absence.

– Monsieur, n'ayez aucune crainte ; je n'ai envie de vous tromper que lorsque je vous vois.

*

Elle est en deuil.

– En robe rose ?

– Oui, c'est de son mari.

Eugène Labiche

*

Je lui demande la main de sa fille.

– Qui êtes-vous ?

– J'ai vingt-deux francs de rente…

– Sortez !

– Par jour !

– Asseyez-vous donc !

Eugène Labiche

*

– Pense qu'un jour tous ces tableaux, toutes ces merveilles seront à toi.

Elle a murmuré : Oui, mais quand ?

Sacha Guitry

*

Lucienne : Marié ! vous êtes marié !...
Pontagnac : Oui... un peu !...

Georges Feydeau

*

Une dame : – On vous donne cinquante ans.
Sophie Arnould : – Oui, mais je ne les prends pas.

*

À Corte, Francesca s'adresse à son mari, Paolo :
– Paolo, qu'as-tu fait aujourd'hui ?
– Rien.
– Mais tu n'as rien fait hier non plus ?!
– Oui, mais je n'avais pas terminé.

*

Une femme : – Comment te vois-tu toi-même ?
Groucho : – Dans un miroir.

Groucho Marx

*

À l'opéra, l'un des spectateurs demanda à Calvin Coolidge :
– Que pensez-vous de l'exécution du ténor ?
– Je suis absolument pour.

*

Une jeune comédienne, admirative, dit à Louis Jouvet qui n'était plus tout jeune : « Ah ! Quelle pétulance !
– Mais, mademoiselle, qui donc vous autorise à me tutoyer ? »

*

Nous suivions à pied, mon père et moi, l'enterrement d'un de nos parents, pour lequel il n'avait aucune amitié. Mais le cimetière était si loin, si loin qu'au bout de trois quarts d'heure, n'en pouvant plus de fatigue, mon père se tourna vers moi et me dit d'une inexprimable manière :
– Je commence à le regretter !

Sacha Guitry

*

Le comédien Lucien Guitry a parfois la main lourde. Une de ses maîtresses, qui l'avait poussé à bout, en fit l'amère expérience. « Au secours ! » hurlait-elle tandis qu'il la giflait à tour de bras. Et lui, sans s'arrêter : « N'aie pas peur, chérie, je suis là. »

*

Deux vieilles amies se font des confidences autour d'une tasse de thé.
– Mon mari pousse le cri de Tarzan quand il a fini son petit câlin.

– Quelle santé !
– Peut-être, mais moi, ça me réveille !

*

– Comment s'appelle un Portugais qui se masturbe ?
– Manuel.

*

– Comment s'appelle un Portugais qui se masturbe debout ?
– Manuel Sanchez.

*

– Comment s'appelle un Portugais qui se masturbe debout, au bord de la plage ?
– Manuel Sanchez Da Costa.

*

La chanteuse Gaby Montbreuse assistait à une soirée très arrosée. Au duc d'Uzès, qui avait descendu pas mal de verres, elle lança : « Mais vous buvez comme un trou, duc ! »

*

J'ai quitté mon amant anglais. Il m'a écrit : « Mon cœur et ma braguette vous seront toujours ouverts. » Je lui ai répondu : « Ne vous enrhumez pas, je ne suis pas près de revenir. »

*

Augustine Brohan fut rattrapée, dans la rue, par un admirateur qui avait une haleine fort mauvaise :

– Voilà un long moment que je cours après vous à perdre haleine !

– Et vous vous plaignez ?

*

Une dame. – Tu ne trouves pas, Sophie, que la rivière de diamants de la Clairon descend bien bas ?

Sophie Arnould. – Dame, elle retourne à sa source !

*

Le poète, romancier et auteur dramatique Baculard encore jeune dit à Voltaire : « Ou célèbre à quarante ans, ou je me brûle la cervelle ! ». Voltaire répondit : « Taisez-vous, tête brûlée ! »

*

L'autre jour au fond d'un vallon
Un serpent mordit Jean Fréron [*critique littéraire qui s'attaqua à Voltaire*]
Sait-on ce qu'il en arriva
Ce fut le serpent qui creva.

Voltaire

*

Une femme laide, qui se piquait d'être spirituelle, dit à Oscar Wilde : « N'est-ce pas, monsieur Wilde, que je suis la femme la plus laide d'Angleterre ? »

– Du monde, madame, du monde !, répliqua Wilde.

*

Un mauvais auteur, qui avait pour ses insuccès une explication toute faite, dit à Oscar Wilde : « Il y a contre moi une véritable conspiration du silence : que voulez-vous que j'y fasse ?

– Vous y joindre ! »

*

Un ami établi en province se plaignait à Willy : « ma femme a couché avec toute la ville…

– Oh, répondit Willy, une si petite ville ! »

*

Une dame, en présence de Picasso, jette un regard à l'un de ses tableaux : « Ma fille peut peindre comme ça !

– Félicitations, madame, votre fille est un génie.

*

On parle d'une actrice dont les mœurs sont assez légères. Quelqu'un dit : « Elle gagne à être connue. »

Georges Thenon, dit Rip, demanda : « Combien ? »

*

Une actrice demande à Rip : « Dans quelle pièce ai-je été la meilleure ? »

Rip répondit : « Dans votre chambre. »

*

Un journaliste. – Ça ne vous a pas gênée de poser nue pour des photos ?

Marilyn Monroe. – Mais pas du tout, le plateau était bien chauffé !

*

– Ta femme est toujours aussi belle ?
– Oui, mais ça lui prend plus de temps.

*

– Combien de maris j'ai eus ?
– Vous voulez dire en dehors des miens ?

Zsa Zsa Gabor

*

– Docteur, je suis enceinte.
– De combien ?
– De mon mari seulement.

*

Examinant ses testicules, un garçon de 3 ans s'interroge :

– Maman, c'est mon cerveau ?

– Pas encore, mon chéri.

*

– Bonjour, madame la crémière, ça me coûterait combien, 100 grammes de beurre ?

– 1,75 euro.

– Et si je vous prends la motte ?

– Alors, là, c'est ma main dans la gueule !

*

– Le café, vous l'aimez allongé ou serré ?

– Allongé, un truc corse.

Jacques Dutronc

*

– La mort vous fait peur ?

– On est né pour ça. La vie est une petite étape. Élémentaire. Ou alimentaire. Pour les vers.

Jacques Dutronc

*

– Il y a de la lumière au bout du tunnel ?

– Certainement les phares du train qui suit, alors.

Jacques Dutronc

*

– Vous avez eu combien de femmes dans votre vie ?
– Je ne sais pas. Trois ? Quatre... À la fois. Pas plus. Après, ça devient un troupeau et tu finis berger.

Jacques Dutronc

*

– Vous êtes con ou quoi ?
– Quoi ?
– Il est encore plus con que ce que je ne le croyais !
– J'aurais mieux fait de rester coi.

Raymond Devos

*

– Je ne suis pas plus bête qu'un autre.
– Quel autre ?

Georges Clemenceau

*

– Winston, si vous étiez mon mari, je verserai du poison dans votre café.
– Si vous étiez ma femme, Madame, je le boirais.

Winston Churchill (à Lady Astor)

*

Pour le quatre-vingtième anniversaire de Churchill, en 1954, on envoya chez lui un jeune photographe faire son portrait. Celui-ci, très impressionné, balbutia :

« Sir Winston, je suis vraiment enchanté de vous prendre en photo pour vos quatre-vingts ans, et j'espère que je serai encore là pour vos cent ans. »

À quoi le héros national répondit gentiment : « Jeune homme vous me semblez en pleine forme et de bonne constitution. Je ne vois pas pourquoi ce ne serait pas le cas. »

*

Un jour de 1955, quelque temps après avoir démissionné du poste de Premier ministre en faveur d'Anthony Eden, Churchill se trouvait seul à la buvette de la Chambre des communes.

Trois jeunes députés conservateurs entrèrent alors. N'ayant pas vu l'octogénaire enfoncé dans son fauteuil, ils se mirent à bavarder à voix haute, et il devint bientôt évident qu'ils parlaient de lui :

« C'est bien triste, ce qui arrive à ce vieux Winston, dit l'un. Il perd complètement la mémoire.

– Oui, c'est moche, renchérit l'autre. Il paraît qu'il sucre carrément les fraises.

– Non seulement ça, ajouta le troisième, mais il deviendrait même un peu gaga.

– *Ouiche,* grommela alors une grosse voix venue du fauteuil voisin, et *enpluch* on dit qu'il est *chourd* comme un pot ! »

*

Alors qu'il vient de heurter la député travailliste Bessie Braddock en sortant de la buvette du Parlement.

Mrs Braddock : Winston, vous êtes soûl !

Churchill : Madame, vous êtes moche… Mais moi, demain, je ne serai plus soûl.

*

Jeune subalterne, Winston Churchil, qui arbore alors une grosse moustache, se retrouve mêlé à une altercation avec une vieille dame de la haute société au cours d'un dîner officiel.

La dame : Il y a deux choses que je n'aime pas chez vous, M. Churchill : votre politique et votre moustache.

Churchill : Chère Madame, soyez sans inquiétude. Il est peu probable que vous vous frottiez à l'une ou à l'autre.

*

Le dramaturge George Bernard Shaw envoie un télégramme à Winston Churchill pour la première de l'une de ses pièces : « Vous ai réservé deux places pour la première de *Pygmalion.* Venez avec un ami, si vous en avez encore. »

Réplique télégraphique de Churchill : « Première impossible pour moi. Viendrai lendemain. Si pièce se joue encore. »

*

À propos de la pratique de la peinture de Churchill :
« Ce sont les paysages que je préfère. Les arbres ne se plaignent jamais que je ne les ai pas avantagés. »

*

– Alors Massu, toujours aussi con ?
– Toujours gaulliste, mon général.

Charles de Gaulle et Jacques Massu

*

– Il y a vingt ans que je la connais. Elle est toujours la même.
– Cela devait bien lui nuire quand elle était jeune.

Paul Léautaud

*

– Moi, les femmes m'ont toujours réussi.
– Sauf madame votre mère !

Antoine de Rivarol

*

Bernard tient cette anecdote de Hérédia : au moment de se marier, Bergerat dit à Gautier :
– Vous savez que je suis en enfant naturel.
– Nous sommes tous plus ou moins des enfants naturels.
– Je dois vous avouer aussi que ma mère vit maritalement avec un prêtre.

– Avec qui de plus honorable voudriez-vous qu'elle vécut ?

Jules Renard

*

Une femme laide à Talleyrand :

– Il paraît, monsieur, que vous vous êtes vanté d'avoir obtenu mes faveurs.

– Oh non, madame, sûrement pas vanté, accusé peut-être !

*

Au retour d'une de ses tournées européennes, Talleyrand vient saluer son épouse (anglaise) et s'enquiert pour le principe :

– Madame, en mon absence, m'avez-vous été fidèle ?

– Souvent, répond l'épouse.

*

– Il est toujours dans les jupes de sa mère.

– Il s'y fera des relations.

Alfred Capus

*

– Allo, c'est toi vieille conne ?

– Non, c'est la femme de chambre. Mais ne quittez pas, je vous passe madame.

*

– Papa, emmène-moi au zoo.
– Écoute, si le zoo veut de toi, il viendra te chercher.

Jerry Lewis

*

– Ma mère ne m'a pas nourri au sein.
– Pourquoi ?
– Elle m'a dit : « Je préfère qu'on reste amis. »

Rodney Dangerfield

*

– Je suis contre le sexe avant le mariage.
– Vous avez pourtant eu de nombreuses conquêtes.
– Oui, mais ce n'était pas des filles avec qui j'envisageais de me marier.

Robert Mitchum

*

– Qui vous a présenté à votre femme ?
– Nous nous sommes rencontrés par hasard. Je ne blâme personne.

*

– Ta mère et moi, nous avons connu un bonheur sans nuages pendant trente années… Et puis je l'ai rencontrée.

*

– M'aimeras-tu quand je serai vieille, avec des cheveux gris ?

– Pourquoi faut-il que j'attende aussi longtemps ?

*

– J'aime cette femme. Je voudrais l'épouser, mais sa famille s'y oppose.

– Sa famille ?

– Oui, son mari et ses quatre enfants.

*

Elle avait un beau jeune homme à ses pieds.

Elle chausse large, à moins que ce ne soit le jeune homme.

Groucho Marx

*

– Comment faites-vous pour éviter la chute des cheveux ?

– En faisant un pas de côté.

Groucho Marx

*

Un homme : J'ai épousé ma femme en secret.

Groucho : En secret ? Vous ne lui avez pas dit ? Pas étonnant qu'elle sorte avec d'autres hommes.

*

– Une femme : Que pensez-vous des femmes en général ?
– Groucho Marx : Tout le temps.

*

Sarah s'inquiète auprès de son mari :
– Chéri, si l'un de nous devait disparaître avant l'autre, qu'est-ce que je vais devenir ?

*

David à Rebecca :
– Chérie, qu'est-ce que tu veux pour ton anniversaire ?
– Divorcer.
– En fait, je pensais à quelque chose de moins cher.

*

– J'ai sauvé une fille du viol hier soir.
– Comment tu as fait ?
– J'ai réussi à me contrôler.

Rodney Dangerfield

*

– Si vous deviez partir sur une île déserte, qu'emporteriez-vous comme lecture ?
– Un marin tatoué !

Marilyn Monroe

*

– Qu'est-ce que vous aimeriez laisser derrière vous ?
– Des dettes.

Jean Yanne

*

Madame guerre mondiale
Chère Gonzague,
C'est affreux : les Russes arrivent.
– Et alors ?
– Et alors, je n'ai rien à me mettre.

Pierre Desproges

*

Ma tante Lauraine m'a dit : « Bob, tu es gay, tu vois un psy ? » Je lui ai répondu : « Non, un lieutenant de marine. »

Bob Smith

*

– Vous buvez pour noyer votre ennui ?
– Pour l'irriguer seulement.

Jacques Dutronc

*

– Vous faites la cuisine ?
– Oui. Je fais la salle à manger et le couloir aussi. Au jet.

Jacques Dutronc

*

– Je suis porteur, c'est mon métier.
– Ce n'est pas un métier. C'est une injustice sociale !
– Ça dépend du pourboire.

*

– Quand vais-je pouvoir reprendre ma vie sexuelle, docteur ?
– C'est la première fois, chère madame, qu'on me pose cette question après une opération des amygdales !

*

– Quels conseils donneriez-vous aux jeunes mariés ?
– Le jour de votre mariage, quand vous passez la bague au doigt de votre épouse, n'oubliez pas de lui prodiguer l'indispensable conseil pratique, le mode d'emploi, la notice : « Tu vois, chérie, pour que cette bague ne perde rien de son éclat et reste brillante, il faut absolument la tremper au moins deux fois par jour dans l'eau de vaisselle. »

Jean Yanne

*

Jean Yanne se rend dans un grand restaurant russe à Paris. Le serveur lui demande :

– Cher monsieur, qu'est-ce que peut jouer l'orchestre pour vous ?

– Aux dominos, c'est possible ?

*

Une femme dit à son médecin :

– J'ai mal au dos.

– C'est l'âge.

– Je veux un second avis.

– Ok, vous êtes moche aussi.

*

– John Lennon, que pensez-vous du rock français ?

– Que pensez-vous du champagne anglais ?

*

À Denis Thatcher, époux de Margaret Thatcher, on demanda : « Qui porte le pantalon chez vous ? »

Il répondit immédiatement : « C'est moi », avant d'ajouter : « Et je le lave et le repasse moi-même. »

*

– Shirley, je me souviens qu'il y a quelques années j'ai épousé une femme belle, jeune, joyeuse, et heureuse de vivre. Peux-tu me dire ce qu'il est arrivé à cette femme ?

– Tu as divorcé d'elle et tu m'as épousée.

Terry Gilliam

*

– C'est étonnant qu'il ne se soit jamais marié.
– C'est un célibataire.
– Ah ! Ceci explique cela !

Jim Carrey

*

– C'est vrai, maman, que pour avoir des enfants, il faut mettre le zizi des garçons dans la bouche des filles ?
– Non, ma chérie, ça, c'est pour avoir des bijoux.

*

Liane de Pougy publia un roman, *L'Insaisissable.* Alphonse Allais dit : « Dès le titre, on voit tout de suite que ce n'est pas autobiographique ! »

*

– Vous croyez à la vie après la mort ?
– C'est aussi peu plausible que le sexe après le mariage.

Madeleine Kahn

*

– Et le sexe ?
– Le sexe, je n'y connais rien : je suis un homme marié.

Jacques Dutronc

*

– Quel est le secret de la longévité de votre couple ?
– Une fois par semaine, dîner aux chandelles, musique douce, etc. Elle, le mardi, moi, le vendredi.

Jacques Dutronc

*

– Pourquoi avez-vous arrêté de boire ?
– Je ne sais plus. Je devais être bourré ce jour-là.

Jacques Dutronc

*

– Mort aux cons !
– Vaste programme.

Charles de Gaulle

*

Un couple se rhabille.
– Elle : Comme j'aimerais avoir 12 000 francs de rente !
– Lui : Par mois ?
– Elle : Par toi ou par un autre !

Albert Guillaume

*

– Ça sent le brûlé...
Tu cuisines ou tu repasses ?

Anonyme

*

– Si je venais à mourir, tu pleurerais beaucoup ?
– Tu sais bien que je pleure pour un rien !

Anonyme

*

– Tu vas encore faire la sieste ?
– C'est plus fort que moi, je ne peux pas rester sans rien faire !

Anonyme

*

– C'est la quatrième fois que tu rentres tard cette semaine… Que dois-je en conclure ?
– Que nous sommes jeudi, ma chérie.

Anonyme

*

– Nous sommes arrivés à une parfaite harmonie sexuelle… Hier soir, on a eu tous les deux la migraine !

Anonyme

*

– C'est terrible cet islamisme radical qui mène au terrorisme…
– Oui, ils ont mis la charia avant l'hébreu.

*

– Que désirez-vous manger ?
– Betteraves et carottes râpées.
– C'est un restaurant ici, pas un pré.

(*Ninotchka*)

CRÉDITS ET RÉFÉRENCES

Woody Allen

– *Dieu, Shakespeare et moi, Opus 1*
© Éditions du Seuil, 1985, pour la traduction française, « Points Documents », 2009.

– *Destins tordus*. Titre original : *Side Effects*
© Éditions Robert Laffont, S.A., Paris, 1981, 2006, pour la traduction française.

– *Pour en finir une bonne fois pour toutes avec la culture, Opus 2*
© Éditions du Seuil, 1986, « Points Documents », 2009.

– *Grand dictionnaire des mots d'esprit*, de Raymond Castans
© Éditions de Fallois

Winston Churchill et Dominique Enright

Les sautes d'humeur de Winston Churchill,
traduit par Hélène Hinfray
© Éditions Payot & Rivages, 2014

Pierre Desproges

– *Dictionnaire superflu à l'usage de l'élite et des bien nantis*
© Éditions du Seuil, 1985, « Points Documents », 1997

– *Chroniques de la haine ordinaire*
© Éditions du Seuil, 1987, « Points Documents », 1997

– *Fonds de tiroir*
© Éditions du Seuil, 1990, « Points Documents », 2008

Le goût de l'humour

– *Manuel de savoir-vivre à l'usage de l'élite et des rustres et des malpolis*

– *Textes de scène*

Raymond Devos

Rêvons de mots

Jacques Dutronc

Pensées et répliques

Sacha Guitry

Pensées, maximes et anecdotes

Marx Brothers (Groucho Marx)

Pensées

Jean Yanne

On n'arrête pas la connerie. Avec l'intégrale des Pensées

« Le goût de... »

Le goût de l'Abyssinie
Le goût de l'Afghanistan
Le goût de l'Afrique
Le goût d'Alexandrie
Le goût d'Alger
Le goût d'Amsterdam
Le goût d'Antibes
Le goût de l'Asie
Le goût d'Athènes
Le goût de l'Australie
Le goût de Bali
Le goût de Barcelone
Le goût de Belgrade
Le goût de Berlin
Le goût de Beyrouth
Le goût de la Birmanie
Le goût de Bombay
Le goût de Bordeaux
Le goût du Brésil
Le goût de la Bretagne
Le goût de Bruxelles
Le goût de Bucarest
Le goût de Budapest
Le goût de Buenos Aires
Le goût du Cambodge
Le goût du Canada
Le goût de Cannes
Le goût des cités impériales du Maroc
Le goût de Capri et autres îles italiennes
Le goût de Chicago
Le goût de la Chine
Le goût de la Corse
Le goût de la Crète
Le goût de la Croatie
Le goût de Cuba
Le goût de Deauville
Le goût de Dublin
Le goût de l'Égypte
Le goût de l'Engadine
Le goût de Florence
Le goût de Genève
Le goût de la Grande-Bretagne
Le goût du Grand Nord
Le goût de Grenade
Le goût de la Guadeloupe
Le goût de la Haute-Provence
Le goût du Havre
Le goût des îles Baléares
Le goût des îles grecques
Le goût de l'île Maurice
Le goût de l'Inde
Le goût des villes de l'Inde
Le goût d'Istanbul
Le goût de Jérusalem
Le goût de Kyoto
Le goût des lacs italiens
Le goût de Lille
Le goût de Lisbonne
Le goût de la Loire
Le goût de Londres
Le goût de Los Angeles
Le goût de Lourdes
Le goût de Lyon
Le goût de Madrid
Le goût de Marrakech
Le goût de Marseille
Le goût de la Martinique
Le goût de Mexico
Le goût du mont Blanc
Le goût de Montpellier
Le goût de Montréal
Le goût du Mont-Saint-Michel
Le goût de Moscou
Le goût de Nancy
Le goût de Nantes
Le goût de Naples
Le goût du Népal
Le goût de New York

Le goût de Nice
Le goût de la Normandie
Le goût d'Odessa
Le goût de l'Orient
Le goût de Palerme
Le goût de Paris
(3 volumes : 1. Le mythe ; 2. L'espace ; 3. Le temps)
Le goût du Paris insolite
Le goût du Pays basque
Le goût de Pékin
Le goût du Périgord
Le goût de Prague
Le goût de la Provence
Le goût du Rhin
Le goût de Rio
Le goût de Rome
Le goût de la Russie
Le goût de Saint-Jacques-de-Compostelle
Le goût de Saint-Pétersbourg
Le goût de Salzbourg
Le goût de San Francisco
Le goût du Sénégal
Le goût de Séville
Le goût de Shanghai
Le goût de la Sicile
Le goût de Strasbourg
Le goût de la Suisse
Le goût de Tahiti
Le goût de Tanger
Le goût de la Thaïlande
Le goût du Tibet
Le goût de Tokyo
Le goût de Toulouse
Le goût de Tours
Le goût de Trieste
Le goût de Tunis
Le goût de Turin
Le goût de la Turquie
Le goût de Venise
Le goût de Versailles
Le goût du Vietnam
Le goût de Vienne

Le chant des villes
Le (dé)goût de la laideur
Le goût de l'amitié
Le goût de l'amour
Le goût de l'architecture
Le goût de l'argent
Le goût du baiser
Le goût du bleu
Le goût du bonheur
Le goût du bouddhisme
Le goût de la boxe
Le goût du café
Le goût de la campagne
Le goût du champagne
Le goût de la chanson
Le goût des chats
Le goût du cheval
Le goût des chiens
Le goût du chocolat
Le goût du ciel
Le goût du cinéma
Le goût de courir
Le goût de la cuisine
Le goût de la danse
Le goût des déserts
Le goût des desserts
Le goût de l'école
Le goût de l'enfance
Le goût des femmes
Le goût du football
Le goût de la forêt
Le dégoût de la guerre de 14-18
Le goût des haïku
Le goût de l'humour
Le goût de l'humour juif
Le goût des îles
Le goût des jardins
Le goût du jazz
Le goût du jeu
Le goût du judaïsme
Le goût de la lecture
Le goût de la liberté
Le goût de la marche

Le goût du mariage
Le goût des mathématiques
Le goût de la mer
Le goût des mères
Le goût de la montagne
Le goût des mots
Le goût de la musique
Le goût de Noël
Le goût du noir
Le goût de la nostalgie
Le goût de l'opéra
Le goût de l'or
Le goût des parfums
Le goût de la pêche
Le goût de la peinture
Le goût de la photo
Le goût de la poésie amoureuse
Le goût de la poésie française
Le goût de la radio et autres sons
Le goût du rêve
Le goût de la révolte
Le goût du rock'n'roll
Le goût de la rose
Le goût du rouge
Le goût du rugby
Le goût du sexe
Le goût du tabac
Le goût du thé
Le goût du théâtre
Le goût des vaches
Le goût des vampires
Le goût du vélo
Le goût des villes imaginaires
Le goût du vin
Le goût du voyage

Réalisation Pao : Dominique Guillaumin
Achevé d'imprimer
sur les presses de l'imprimerie Laballery
en janvier 2016.
Imprimé en France.

Dépôt légal : janvier 2016
N° d'imprimeur : 512296

293883